AF174984

www.everest.es

Maquetación: Ediciones Nobel, S. A.
Diseño de cubierta: Eva Zuazua

Sexta edición

© del texto: Ramón García Domínguez
© de las ilustraciones: Manuel Sierra
© Ediciones Paraninfo (con licencia
  de Paraninfo Propiedad Intelectual, S. L.)
  C/ Sierra de Guadarrama, 35. Naves 2, 3, 4 y 5
  Polígono Industrial San Fernando II
  28830 San Fernando de Henares
  E-mail: info@everest.es

ISBN: 978-84-19331-86-1
Depósito legal: M-9435-2024
Imprime: Liberdigital (Casarrubuelos, Madrid)
Printed in Spain / Impreso en España

Atención al cliente: 914 463 350

El Colorín Colorado

Ramón García Domínguez
Ilustrado por Manuel Sierra

A Manuel Sierra,
con quien fantaseo
—tan gustosamente—
al unísono.

¿Te has dado cuento de que todas las cuentas…? Huy, qué digo, al revés: ¿Te has dado cuenta de que todos los cuentos terminan con **Colorín Colorado**?

Por eso mismo, me llamó un día por teléfono el **Colorín Colorado** y me dijo:

—¿Tú escribes cuentos, Ramón?

—Sí, yo escribo cuentos para niños.

—Pues quería preguntarte una cosa: ¿por qué yo sólo salgo al final de los cuentos y sólo aparezco un poquitín? En cuanto yo salgo, se termina el cuento, en cuanto me nombran y dicen **Colorín Colorado**, el cuento ya se ha acabado.

—Sí, es verdad —le dije yo al **Colorín Colorado**, encogiéndome de hombros.

—¿Y tú no podrías hacer algo por mí? —me preguntó el **Colorín Colorado**, con una voz muy triste.

—¿Y qué puedo hacer?

—Podrías inventarte un cuento en el que yo salga al principio y dure todo el cuento. Como *Caperucita Roja*, como *El Patito Feo*, o como *El Gato con Botas*...

—Pero es que... *El Patito Feo* es un pato y *El Gato con Botas* es un gato —contesté yo, asombradísimo de lo que estaba oyendo.

—¡Anda este, y yo soy un **Colorín Colorado**! —me replicó, casi de genio, el **Colorín Colorado**.

—Y... ¿y cómo es un **Colorín Colorado**? —pregunté yo, entonces, con un hilillo de voz.

—¡Ah, claro! —saltó el **Colorín Colorado**—. Como sólo salgo al final de los cuentos, y sólo salgo un momentín, no te ha dado tiempo ni de fijarte cómo soy, ¿verdad? Pues yo soy… ¡No, espera! ¿No has dicho que eres inventor de cuentos? ¡Pues invéntate cómo soy!

Esto último me picó el amor propio, ¡vaya que si me lo picó!

—¡Por supuesto! —le repliqué al **Colorín Colorado**—. Me voy a inventar cómo eres y me voy a inventar un cuento en el que salgas desde el principio hasta el final. ¡Un cuento en el que seas el **protagonista**!

—¿Sí? ¿Y cuándo vas a empezar? —va y me pregunta el **Colorín Colorado**.

—Ahora mismo, si tú quieres —le digo.

—¡Claro que quiero! —me contesta.

—Pues allá va.

ÉRASE UNA VEZ un **Colorín Colorado** que tenía el oficio más bonito del mundo. ¿Sabes cuál? Era el encargado de cerrar la ventanita de los ojos de los niños cuando se van a dormir.

Cuando un niño o una niña se acuesta en su cama y su mamá o su papá terminan de contarle el cuento de aquella noche,

viene el **Colorín Colorado** y
muuuuuy suavemente les cie-
rra primero la ventanita del ojo
derecho y luego la ventanita del
ojo izquierdo. Pero verás: lo ha-
ce tan disimuladamente que los
niños ni se dan cuenta y nunca
consiguen verlo.

Y entonces el **Colorín Colorado**, cuando ya ha cerrado los ojos de los niños, se queda mirándolos y mirándolos y mirándolos sin cansarse.

Porque hay niños que tienen carita de melocotón en almíbar, otros de perita en dulce, los hay

que parecen naranjitas de la chi-
na-na, chi-na-na, o bollitos tier-
nos de pan caliente, y algunos
son como de algodón sonrosado
igual que las redondas nubes del
atardecer.

Pero Crispín Pin era un niño que no se quería dormir.

Terminaba su mamá o su papá de contarle el cuento de cada noche y él abría los ojos con todas sus fuerzas para no dormirse.

—¿Y por qué no te quieres dormir? —le preguntaba su papá.

—Porque quiero ver al **Colorín Colorado** —respondía Crispín Pin.

—Pero al **Colorín Colorado** sólo lo verás si dejas que él te cierre los ojos cuando termina el cuento. Al **Colorín Colorado** sólo lo puedes ver en los sueños, ¿sabes?

—¡Pues yo nunca lo he visto! —replicó Crispín Pin.

—Porque tardas mucho en dormirte y el **Colorín Colorado** se cansa de esperar y se va.

El papá de Crispín Pin tenía razón. Y el propio niño pudo comprobarlo cuando, al día siguiente en el colegio, les preguntó a sus amigos si ellos habían visto alguna vez al **Colorín Colorado**.

Todos contestaron que sí. Pero cuando Crispín Pin les preguntó cómo era el **Colorín Colorado**, cada uno se lo explicó de una forma diferente:

—El **Colorín Colorado** —dijo Penélope, una niña con una trenza como un chorro de trigo— es un perrito de colores

que no para de jugar las veinti-
cinco horas del día.

—El **Colorín Colorado** —dijo Dafne, una niña con dos ojos
más grandes que su cara— es
un canguro de colores que pega
unos botes tan altos que se da de
cabeza con la luna.

—El **Colorín Colorado** —dijo Ulises, un niño atrevido y valiente— es un caballito de mar de muchos colores, que salta las olas inmensas y se hunde en los abismos de los océanos.

—El **Colorín Colorado** —dijo Telémaco, un niño a quien

llaman de mote Telemadrid— es un duende del bosque que se viste de mil colorines y alguno más.

—El **Colorín Colorado** —dijo Galatea, una niña que se ríe como los ruiseñores— es un pájaro gentil cuyas plumas tienen más colores que los siete colores del Arco Iris.

Crispín Pin ya no quiso preguntar más. Todos y cada uno de sus amigos habían visto en sueños al **Colorín Colorado**, y cada **Colorín Colorado** era diferente a los otros. Solo tenían algo en común: ¡que todos los **Colorín Colorado** eran de mil colores, eso sí que sí!

—¿Y cómo será mi **Colorín Colorado**? —se preguntó entonces el pequeño Crispín Pin.

Y aquella misma noche, en cuanto mismito terminó su mamá de contarle el cuento, él se dejó cerrar las ventanitas de los ojos por el **Colorín Colorado** y entró en el reino del sueño con toda su curiosidad a flor de piel.

Y no pasaron ni tres segundos, cuando apareció delante de él su **Colorín Colorado**.

¿Y sabéis cómo era? ¡Era un caballito de vivos colores con dos grandes alas voladoras!

—¿Un Pegaso?

—¡Así se llaman los caballos con alas, sí señor! Pero como este era más bien un potrillo, le llamaremos pegasito, ¿vale?

—¿Tú eres el **Colorín Colorado**? —le preguntó Crispín Pin.

—Yo soy el **Colorín Colorado** —respondió el pegasito con una sonrisa.

—¿Y sabes volar? —volvió a preguntar Crispín Pin.

—Sé trotar y sé volar, así es que puedo ir a cualquier parte.

—¿Ah, sí? ¿Y puedes llevarme a mí contigo?

—Por supuesto. ¿Adónde quieres ir?

Crispín Pin se quedó pensativo un momento y luego volvió a preguntarle al **Colorín Colorado**:

—Tú sales en todos los cuentos, ¿no?

—¡Naturalmente! —contestó el **Colorín Colorado** con un gesto de satisfacción—. Yo salgo en todos los cuentos del mundo. Al final del cuento, pero salgo…

—O sea —insistió Crispín Pin—, que te conoces todos los cuentos habidos y por haber.

—Todos toditos todos. Los de antes, los de ahora y los de siempre jamás.

—¡Pues ya está! ¿Qué te parece si recorro contigo algunos

de los cuentos que más me han gustado?

Al pegasito **Colorín Colorado** le brillaron los ojos, lanzó una simpática risarrelincho, comenzó a batir sus alas y dijo:

—¡No se hable más, amigo, monta en mi grupa y vámonos a recorrer cuentos!

Crispín Pin escogió primero el cuento de *El Patito Feo* porque quería comprobar si el patito era tan feo como decían.

Luego pasaron al cuento de *La Bella Durmiente* y Crispín Pin, que era un poco travieso, le dio un pellizco a la princesa dormida y ésta se despertó antes de

tiempo, antes de que viniera el Príncipe Azul a darle un beso romántico.

Volaron después al cuento de *Blancanieves y los Siete Enanitos*, porque le habían enseñado en el cole a Crispín Pin a hablar con los gestos de las manos y quería

ver si el enanito Mudito lograba entenderle.

A lomos del pegasito **Colorín Colorado** fue luego nuestro amigo al cuento de *Pinocho* y allí comprobó cuánto crece la nariz cuando se dice una mentira: medio palmo si la mentira es mentirijilla y un palmo entero si es requetementira. ("Pues a los políticos no tenía que caberles la nariz en la tele", pensó Crispín Pin).

Fueron luego al cuento de *Peter Pan* porque Crispín Pin quería conocer y jugar con los Niños Perdidos y preguntarle al Capitán Garfio si, cuando se lava las manos, se lava también el garfio.

En el cuento de *Caperucita Roja* le regaló a la niña unas
gafas graduadas para que viera
bien que el que estaba en la cama era un lobo feroz y no una
abuelita.

Y en el cuento de *Pulgarcito*
tardó una hora en encontrar al

protagonista, porque el cuento es muy grande y Pulgarcito diminuto diminuto.

Y cuando ya llevaban recorridos un montón de cuentos, Crispín Pin le dijo al **Colorín Colorado**:

—¿Sabes una cosa?

—¿Qué?

—Que hay un cuento que quiero visitar más que ninguno.

—¿Ah, sí? ¿Por qué?

—Porque quiero conocer a su protagonista y quiero preguntarle un secreto.

—¿Y qué cuento es ése?

—El cuento de *Juan Sinmiedo* —contestó Crispín Pin.

—¡Pues vamos volando al cuento de *Juan sin Miedo*! —gritó el pegasito **Colorín Colorado**.

Surcaron los aires, atravesaron las nubes, cruzaron los altos cielos azules y llegaron al

maravilloso cuento de *Juan Sin-miedo*. Entraron por la puerta dorada de "Érase una vez" y allí mismo, con una sonrisa más grande que su boca, estaba Juan para recibirlos.

—Soy Juan, Juanito para los amigos —dijo Juan Sin Miedo a los recién llegados.

E inmediatamente les enseñó el castillo terrorífico de su cuento, donde él pasaba las noches rodeado de fantasmas, esqueletos y seres horribles partidos por la mitad.

—¿Y no tienes miedo? —le preguntó entonces Crispín Pin.

—¡Qué va, nada de nada! —respondió Juanito Sin Miedo.

—¡Qué suerte tienes! —exclamó Crispín Pin, con ojillos de envidia.

—¿Es que tú tienes miedo? —le preguntó Juanito Sin Miedo.

—¡Uf, muchísimo! Sobre todo por las noches. Y he venido precisamente a tu cuento para que me cuentes tu secreto.

Y Juanito Sin Miedo le contó a Crispín Pin el secreto para no tener nunca miedo:

—¿Sabes qué es lo mejor para no tener miedo? ¡Reírse mucho! La risa y la sonrisa espantan al miedo. Cada noche, antes de dormirte, sueltas una buena carcajada, ¿vale? Y luego, sin dejar de sonreír, verás qué pronto llega tu **Colorín Colorado** a cerrarte las ventanitas de los ojos y a abrirte las puertas de los dulces sueños.

Y al oír esto, el **Colorín Colorado** de Crispín Pin meneaba su cabeza de caballito pegaso arriba y abajo, dándole la razón a Juanito Sin Miedo.

Y desde el día en que regresaron de recorrer cuentos, Crispín Pin y su **Colorín Colorado** se hicieron amigos inseparables y se dormían juntos con una gran sonrisa en los labios.

Y **Colorín Colorado**, este cuento…

¿Cómo dices? ¿Que tú también, curioso lector, quieres conocer a tu **Colorín Colorado** y saber cómo es?

¡Pues eso es muy sencillo! Cuando hayas terminado el

cuento de cada noche, tienes que
ponerte una sonrisa en la boca y
dejar que él venga a cerrarte las
ventanitas de los ojos. Primero la ventanita del ojo derecho
y después la ventanita del ojo izquierdo. Y en cuanto entres en

el Reino de los Sueños —¡sin
ningún miedo!— tu **Colorín Colorado** te estará esperando para
soñar juntos a lo largo de la noche misteriosa.

COLORÍN COLORADO
ESTE CUENTO
HA TERMINADO
¡Y TU SUEÑO
HA PRINCIPIADO!